Rainer Haak

Alles leben, was ich bin

Eine Geschichte
mit Sinn und Seele

Erzähl von dir.
Ich liebe es,
dass du so anders bist.

INHALT

Völlig erschöpft vom vielen Denken entschied sich der Verstand, eine kurze Pause zu machen. Er stand völlig verspannt vom Schreibtisch auf und ging hinaus, um Luft zu schöpfen. Luft schöpfen und Bewegung – eigentlich hielt er beides für verlorene Zeit. Doch in diesem Moment ging es nicht anders. Er atmete tief durch – und da sah er sie. Sie sah wunderschön aus, war bunt gekleidet und strahlte ihn an.

„Wer ist das?", dachte er aufgeregt. „Sie sieht so leicht und frei aus, aber auch ein wenig traurig, als würde ihr etwas fehlen."

Sie antwortete sofort auf seine Gedanken: „Guten Tag, lieber Verstand. Ich bin die Seele. Ich habe schon seit Jahren große Sehnsucht nach dir. Aber wir sind uns bisher nie nähergekommen."

„So, du bist also die Seele", antwortete der Verstand. Er nahm seine Brille ab und putzte sie umständlich. „Ich habe selbstverständlich viel über dich gelesen. Aber ich habe mir dich ganz anders vorgestellt. Nicht so bunt und fröhlich."

Mit dieser ersten Begegnung hatte alles begonnen. Seitdem musste er oft an sie denken. „Sie fehlt mir. Wer weiß, vielleicht brauche ich sie und kann ohne ihr Lächeln nicht weiterleben?" Unruhig rutschte er vor seinem Schreibtisch hin und her. „Ich wünsche mir so sehr, dass wir uns wieder begegnen."

Im selben Augenblick war sie da. „Na endlich! Endlich wünschst du dir, dass ich bei dir bin. Wir gehören doch zusammen, hast du das nicht gewusst?"

Er schaute sie fragend an.

„Das ‚Ich' braucht uns. Erst mit uns beiden ist es richtig lebendig. Du kennst das ‚Ich'?"

Er nickte. „Ich weiß alles", dabei zeigte er auf die vielen Bücher, von denen er umgeben war. „Man spricht vom Ich, vom Ego, vom Selbst …"

Die Seele unterbrach ihn: „Du weißt wirklich viel. Ich bewundere dich. Aber vergiss bitte einmal kurz dein großes Wissen. Ich möchte dir so gern etwas zeigen."

Die matten Augen des Verstands leuchteten kurz auf. „Etwas Neues? Ich finde es immer gut, wenn ich etwas Neues lernen kann."

„Wo geht es hin?", fragte der Verstand neugierig, als die Seele ihn aus seiner Bibliothek hinausführte.

„Lass dich überraschen! Du wirst staunen."

Nach kurzer Zeit waren die beiden am Rand einer herrlichen Blumenwiese angekommen. Der Verstand hatte die Augen vor Erstaunen weit aufgerissen. „Das ist wunderschön! Wo sind wir?"

Sie lächelte ihm fröhlich zu. „Wir sind hier in unserer Innenwelt."

Er blieb stehen. „Was? Die gibt es wirklich? Ich dachte, dabei handelt es sich nur um eine verrückte Idee, eine Märchenwelt."

In diesem Augenblick erblickten beide eine bunte Gestalt, die lachend auf der Blumenwiese herumtollte und fröhlich die Arme in die Luft warf. „Wer ist denn das?", fragte der Verstand neugierig.

Die Seele war längst selbst auf die Blumenwiese gesprungen und tanzte jetzt fröhlich mit der Besucherin. „Hallo, liebe Freude, es ist so schön, dich zu sehen und mit dir fröhlich zu sein." Und schon begann die Seele, ein wunderschönes Lied zu singen. Der Verstand musste schlucken. Er war sicher, noch nie so etwas Schönes und Fröhliches gehört zu haben.

Als die letzten Töne verklungen waren, zeigte sie auf ihren Begleiter. „Liebe Freude, ich möchte dir jemanden vorstellen, der zum ersten Mal hier bei uns ist. Es ist der Verstand."

Die Freude stutzte kurz, als hätte sie die Seele falsch verstanden, dann sprang sie auf den Verstand zu und umarmte ihn, wobei sie ihn vor lauter Begeisterung fast erdrückte. „Es ist mir eine große Freude, lieber Verstand, dass du bei uns bist. Auf diesen Tag haben wir alle hier in der Innenwelt lange gewartet."

Der Verstand wusste nicht, wie ihm geschah. Er stand bewegungslos da und ließ fassungslos die Gefühle der Freude über sich ergehen.

Es dauerte lange, bis er wieder Herr seiner Gedanken war. „Manches ist gewöhnungsbedürftig hier in der Innenwelt. Ich hatte mir die Freude immer anders vorgestellt – ernster und zurückhaltend. Aber wie schon gesagt: Ich lerne gern dazu."

Die beiden setzten ihren Rundgang durch die Innenwelt fort. Immer wieder begegneten sie fröhlichen oder traurigen, lauten oder leisen Gestalten. Einige von ihnen stellte die Seele ihm vor. Und manchmal sagte sie stolz über ihren Begleiter: „Das ist der Verstand, mein neuer Freund." Dabei ergriff sie seine Hand, streichelte sie vorsichtig und drehte sich mehrmals im Kreis, als würde sie am liebsten mit ihm tanzen. Aber sie hielt sich zurück und ließ ihm Zeit, sich hier einzuleben.

Als sie ihren Besuch beendet hatten, entschuldigte sich der Verstand bei seiner Begleiterin: „Ich setze mich schnell an meinen Schreibtisch und notiere alles, was ich eben erlebt habe. Und dann schreibe ich vielleicht einen klugen Artikel über die Innenwelt."

Die Seele schüttelte lächelnd den Kopf. „Mein kluger Verstand, ich bin so stolz auf dich."

In den nächsten Wochen lernten sich Verstand und Seele immer besser kennen. Einmal flüsterte er ihr zu: „Sonderbar, auch wenn ich dich oft nicht verstehe – in deiner Nähe fühle ich mich richtig wohl, obwohl ich ja gar nicht fühlen kann, oder?"

Sie lächelte ihm zu. Dann begann sie fröhlich zu tanzen, nahm seine Hand, und tatsächlich drehte er sich mit ihr im Kreis, während er sie voller Bewunderung ansah.

Einige Tage später blickte der Verstand seine neue Freundin fragend an. „Mir kommt da so ein Gedanke. Sollten wir unsere neue Freundschaft nicht mal richtig feiern? Wäre es nicht wunderbar", dabei hielt er sich kurz die Hand vor den Mund, weil er über seine Wortwahl selbst erschrocken war, „wäre es nicht wunderbar, wenn wir ein fröhliches Fest in unserer Innenwelt feiern würden?"

Die Seele starrte ihn verzückt an. „Lieber Verstand, wie wunderschön, dass du diesen Vorschlag machst. Das ist eine großartige Idee. Das wird bestimmt ein herrliches Fest."

Sie lachte, weil ihr selbst aufgefallen war, was für eine gefühlvolle Antwort sie dem Verstand zugemutet hatte. Da der aber inzwischen gelernt hatte, damit umzugehen, nahm sie ihn einfach in den Arm und drehte mit ihm eine kleine Tanzrunde zu einer inneren Melodie.

Es dauerte einige Augenblicke, bis der Verstand wieder klar denken konnte. „Jetzt müssen wir uns aber mal konzentrieren, liebe Seele! Wir haben schließlich noch eine Menge Vorbereitungen zu treffen."

Er setzte sich aufrecht an seinen Schreibtisch. „Erst einmal brauchen wir eine vernünftige, sachliche Einladung, damit möglichst viele zu unserem Fest kommen. Ich werde sie nachher am Schwarzen Brett anbringen."

Und schon begann er, in sauberer Druckschrift mit seiner geliebten schwarzen Tinte einen Einladungstext zu schreiben:

> An alle!
> Wir laden ein zu einem Fest, das heute Abend
> um 18 Uhr beginnt. Festliche Kleidung und
> pünktliches Erscheinen erwünscht.
> Für gesundes Essen und Trinken wird gesorgt.
> Hochachtungsvoll
> gez. Verstand

Stolz zeigte er der Seele seinen Text. Wer wohl zur Feier kommen würde, fragte er sich insgeheim, traute sich jedoch nicht, die Seele zu fragen. Allzu viele Freunde hatte er bislang jedenfalls nicht. Er kannte die Freude und einige andere von seinem ersten Besuch in der Innenwelt. Aber sicher hatte die Seele einen großen Freundeskreis, und es konnte ja nicht schaden, viele neue Bekanntschaften zu schließen.

Die Seele schluckte kurz beim Anblick der nüchternen Einladung, dann entschied sie sich, selbst auch eine zu verfassen. „Doppelt hält besser, findest du nicht auch?" Und schon begann sie, fröhlich pfeifend ihren Text zu schreiben:

> Ihr Lieben!
> ich freu mich so, mit Euch heute ein fröhliches
> Fest zu feiern! Ich hoffe, Ihr seid alle dabei – weil
> ich Euch liebe und weil wir zusammengehören.

Kommt gern so, wie Ihr Euch wohlfühlt.

Ab 18 Uhr geht die Post ab!

Es gibt auch Schokolade!

Ich tanze jetzt schon vor Glück, weil ich mit Euch feiern darf.

Eure Seele

Der Text war mit verschiedenen Farben geschrieben. Dazu hatte die Seele in ihrer Begeisterung noch einige kleine, bunte Bildchen gemalt.

„So", sagte sie zufrieden, „meine Einladung kommt jetzt neben deine ans Bunte Brett!", und dabei kicherte sie so ausgelassen wie ein fröhliches kleines Kind.

Als nun die beiden unterschiedlichen Einladungen nebeneinanderhingen, wurde die neue Vielfalt in der Innenwelt deutlich – Vernunft und Ausgelassenheit, Sachlichkeit und Emotionalität.

„Echt, es gibt Schokolade?", fragte der Verstand und leckte sich dabei voller Vorfreude die Lippen. Er freute sich sogar ein bisschen über die Aussicht auf ein ausgelassenes Fest. „Aber auf deine Verantwortung! Hoffentlich entgleitet uns die Sache nicht! Und jetzt lass uns alles für das Fest vernünftig vorbereiten!"

Nach kurzer Zeit hatten die beiden ein kleines Zirkuszelt aufgebaut. Mit schwarzem Zeltdach, darauf hatte der Verstand bestanden, und quietschbunten Zeltbahnen auf Vorschlag der Seele. An den Rand stellten sie Tische und Stühle. In der Mitte ließen sie eine große Fläche zum Spielen und Tanzen frei. Während die Seele dort schon einmal fröhlich eine Runde drehte, mühte der Verstand sich damit ab, eine riesige Figur aus

Stein in die Mitte des Zelts zu schleppen. Die Figur sah sehr klug und ernst aus und schien in weite Ferne zu blicken.

Die Seele schaute verwundert auf die gewaltige Figur. „Lieber Verstand, o nein, o nein, was ist denn das?"

Er wirkte überrascht und irritiert. „Gefällt sie dir etwa nicht? Ich dachte, du würdest vor lauter Freude in die Luft springen."

Der Verstand stellte sich neben die Figur und begann mit seiner Erklärung: „Liebe Seele, überall gibt es Denkmäler. Sie laden uns zum klugen Denken ein und vor allem erinnern sie uns an vergangene Zeiten. Sie zeigen uns, was jemand gedacht, geschrieben, geleistet, erlitten und verändert hat.

Diese große Figur ist das Denkmal für unser ‚Ich'. Es erinnert uns stets an unsere guten, aber auch an unsere schweren Stunden. Wenn wir dieses Denkmal immer im Blick haben, können wir verhindern, Fehler ein zweites Mal zu machen, und können gleichzeitig stolz auf das sein, was wir geschafft haben."

Die Seele streichelte fürsorglich seine Hand. „Das war eine schöne Rede, lieber Verstand. Du bist sehr klug. Aber du hast übersehen, dass ein Denkmal nicht lebendig ist. Es ist unbeweglich und versteinert. Es blickt in die Vergangenheit. Wie passt das zu dem, was wir beide in der letzten Zeit erfahren haben? Wie passt die versteinerte Vergangenheit zu unserer neuen Lebenslust?"

Der Verstand wusste darauf keine rechte Antwort. Ratlos schauten sich die beiden an. „Muss ich die Figur wieder wegbringen?", fragte der Verstand unsicher.

„Kann sie nicht doch hierbleiben? Ich habe mir solche Mühe gegeben."

Da hatte die Seele eine zündende Idee. „Du hast natürlich recht. Die Vergangenheit gehört auch zu uns, sie ist ein wichtiger Teil von uns. Aber sie kann uns auch daran hindern, jetzt zu leben, in diesem Augenblick. Wie wäre es denn, wenn wir das Denkmal an den Rand stellen? Da steht es nicht mehr im Mittelpunkt, aber wir haben die Möglichkeit, es bei Gelegenheit zu besuchen und uns daran zu erinnern, wie wir so geworden sind, wie wir sind."

Die Miene des Verstandes hellte sich auf. „Das ist eine hervorragende Idee. Es gefällt mir immer mehr, mit dir zusammenzuarbeiten."

Schon fassten sie beide an und trugen das Denkmal auf seinen neuen Platz.

„Wie spät ist es eigentlich?", fragte der Verstand nach getaner Arbeit. Bevor er eine Antwort erhalten konnte, sah er bereits die ersten Besucher das Festzelt betreten. „Ach, ist es schon 18 Uhr?"

Eine fröhliche Gestalt strahlte ihn an. „Wir sind noch ein wenig zu früh. Aber ich konnte vor lauter Vorfreude einfach nicht länger warten. Es ist so herrlich, mal wieder ein schönes Fest zu feiern. Danke für die Einladung!"

Die Seele flüsterte dem Verstand zu: „Das ist die Freude, unser erster Gast. Du kennst sie schon von der Blumenwiese. Hat sie nicht ein wunderschönes farbenprächtiges Kleid an?"

Dann wandte sie sich der Freude zu. „Herzlich willkommen, meine Liebe. Ich muss dir gleich einmal sagen, wie gut es mir immer tut, dir zu begegnen." Der Verstand blickte kurz zu ihr. „Herzlich willkommen!" Er grinste kurz. „Ich erinnere mich an deine freundliche Begrüßung bei unserem ersten Treffen." Er holte kurz Luft und grinste wieder. Dann beugte er sich über seine vorbereitete Liste auf dem Pult am Zelteingang und schrieb in Druckbuchstaben: „1. Freude."

„Ach, ich sehe gerade, du gehörst zu unseren Ehrengästen. Setz dich doch bitte dort oben auf einen der Ehrenplätze." Die Freude bahnte sich ihren Weg über die Tanzfläche hin zu den besonderen Plätzen.

Kurz darauf kamen zwei bunt gekleidete Gestalten ins Zelt. „Unsere Kleider haben wir gemeinsam entworfen. Darf ich mich vorstellen, ich bin die Fantasie. Und das ist meine Schwester, die sich immer etwas Neues einfallen lässt. Bestimmt auch heute Abend!"

„Und der Name, bitte?", fragte der Verstand die Schwester. „Ich bin die Kreativität. Du wirst mich noch kennenlernen", kicherte sie. „Meinen Namen kannst du gern mit verschiedenen Farben auf dein Blatt Papier malen." Die beiden Schwestern bekamen zum Glück nicht mit, dass der Verstand etwas genervt mit den Augen rollte. Als Nächstes kam eine beklagenswerte Gestalt, die sich unsicher im Zelt umblickte. „Darf ich überhaupt dabei sein heute Abend?", fragte sie verunsichert. „Vielleicht habt ihr nicht genügend Plätze. Wenn ihr wollt, kann ich auch gleich wieder gehen."

„Dein Name, bitte?", fragte der Verstand, der leider noch immer nicht so recht wusste, was es bedeutet, einfühlsam zu sein. „Ich bin das Verletzte Gefühl, falls es jemanden interessiert."

Der Verstand schrieb seinen Namen auf, während die Seele das Verletzte Gefühl in den Arm nahm und danach an seinen Platz begleitete.

Die nächsten beiden Gäste sahen so aus, als wären sie unterwegs zu einem Wettkampf. „Geht das hier bald los? Ich hab wahnsinnigen Hunger!", polterten die beiden.

Der Verstand war sofort etwas eingeschüchtert. „Mit wem habe ich denn die Ehre?"

„Jetzt red nicht so geschwollen! Ich bin die Wut, verstanden?"

Der Gast neben der Wut stellte sich ebenfalls vor: „Keine Angst, die ist nicht immer so! Aber Power hat sie schon. Ich natürlich auch. Ich bin die Energie."

Erleichtert, dass die beiden sich an ihm vorbei ins Zelt drängten, schrieb er ihre Namen auf und wandte sich den nächsten Besuchern zu.

Direkt hinter dem Power-Pärchen kamen zwei Gäste, die den Verstand freundlich anblickten. Er fühlte sich in ihrer Gegenwart sofort wohl, auch wenn Gefühle bekanntermaßen nicht seine Stärke waren

„Willkommen bei unserem Fest! Wer seid ihr?" Er blickte sie erwartungsvoll an. Die beiden wollten eigentlich sofort der Wut folgen, ließen sich aber noch vom Verstand zurückhalten. „Ich bin der Frieden. Entschuldigung, ich werde da vorne gebraucht." Und schon folgte er den anderen. Der Verstand konnte ihm gerade noch hinterherrufen: „Für dich ist auch ein Ehrenplatz reserviert. Geh bitte zu den oberen Stühlen."

Und noch jemand hatte es eilig. „Ich bin die Harmonie. Was für eine interessante Dekoration ihr habt. Das wird bestimmt ein wunderbares Fest."

Schon kamen die nächsten Gäste. Der Verstand bat sie, kurz zu warten, und wandte sich der Seele zu, die sich gerade wieder zu ihm gesellt hatte. Er flüsterte, damit nur sie ihn verstehen konnte: „Mal ehrlich, das sind ja lauter sonderbare Gestalten. Kommen die alle aus der Innenwelt?"

Die Seele flüsterte zurück: „Die gehören alle zu uns. Aber die meisten sind dir bisher noch nicht begegnet." Sie zwinkerte ihm aufmunternd zu. „Schließlich bist du ja noch ziemlich neu hier. Heute wirst du alle kennenlernen."

Der Verstand wandte sich wieder den Neuankömmlingen zu. Eine bleiche, schüchterne Gestalt, die sich halb hinter ihrem Begleiter versteckte, schaute betreten zu Boden.

„Willkommen zu unserem Fest! Eure Namen hätte ich gern."

Die schüchterne Gestalt wurde von ihrem Begleiter sanft nach vorne geschoben. „Ich hoffe, ich bin nicht zu spät. Bestimmt bin ich nicht richtig angezogen mit meinem dunklen Kleid! Oje, was ist denn das für ein großes Denkmal? Das sieht ja unheimlich aus."

„Deinen Namen, bitte!"

„Ach, Entschuldigung, das habe ich ganz vergessen. Ich bin völlig durcheinander. Mein Name ist Angst." Sie schaute sich hektisch im Zelt um, als würde sie sich bedroht fühlen.

Ihr Begleiter klopfte ihr anerkennend auf die Schulter. „Na, meine Liebe, das ging doch. Ich bin stolz auf dich."

Dann blickte er dem Verstand offen in die Augen und sagte mit fester Stimme: „Danke für die Einladung. Ich freue mich sehr. Mein Name ist Mut."

Der nächste Gast erinnerte ein wenig an ein Chamäleon. Wenn er neben der Lampe stand, die sich der Verstand an sein kleines Schreibpult gestellt hatte, sah er in dem Licht ausgesprochen stark und selbstbewusst aus. Wenn er sich dagegen wegdrehte oder jemand anderer vor der Lampe stand und ihn in den Schatten stellte, wirkte er plötzlich völlig unsicher. Der Verstand staunte über diese interessante Erscheinung und überlegte intensiv, wie dieses Wechselspiel – rein wissenschaftlich betrachtet – möglich war. Die Seele weckte ihn aus seinen Gedanken. „Lieber Verstand, der nächste Gast wartet." Er fasste sich an den Kopf. „Tut mir leid. Willkommen beim Fest! Darf ich fragen, wer du bist?"

„Ich bin das Selbstwertgefühl. Ich weiß noch nicht, ob ich mich vorne hinsetze oder lieber ganz hinten."

Direkt hinter dem Selbstwertgefühl kam ein Besucher, der sich ein wenig theatralisch den Kopf hielt. „Ich weiß nicht, ob ich lange bleibe. Mir ist nicht gut. Mein Name ist Schmerz."

Er winkte seine Begleiterin zu sich, die ebenfalls keinen glücklichen Eindruck machte. „Komm, Trauer, wir sind an der Reihe!" Sie schlurften langsam am Pult des Verstandes vorbei. Die Trauer hielt wie in Trance die Hand eines anderen Gastes. Es war eine wunderschöne, gold gekleidete, aufrechte Gestalt.

„Ich bleibe bei dir, Trauer, und bei dir auch, mein lieber Schmerz. Wie schön, dich zu treffen, lieber Verstand. Und meine Freundin, die Seele. Das wird ein schönes Fest. Ich bin übrigens die Liebe."

Als der Verstand „Liebe" auf sein Blatt Papier schrieb, blickte er sie an und versuchte, einen wichtigen Eindruck zu machen. „Die Liebe ist einer unserer Ehrengäste. Bitte setz dich gleich auf einen der besonderen Plätze dort oben."

Nur widerstrebend ließ sich die Liebe auf einen der Ehrenplätze begleiten. Der Trauer und dem Schmerz rief sie noch „Bis gleich, das verspreche ich euch" zu, bevor sie der Seele eindringlich ein paar Worte zuflüsterte.

Noch etliche weitere Gäste kamen, keiner wollte das bunte Spektakel verpassen. Alle wurden in die Liste eingetragen, bis diese schließlich fast voll war.

„Bald kann das Fest beginnen", rief der Verstand, als noch schnell ein lustiges, grell gekleidetes Kerlchen in das Zelt stolperte. „Hallo, habt ihr schon angefangen? Ich bin der kleine Clown."

Es dauerte nicht lange, da hatten alle Gäste Platz genommen und warteten gespannt auf den Beginn des Festes. Einige plauderten angeregt, andere blickten sich im Zelt um. Mehrere zeigten fragend auf das Denkmal. Leider war es etwas dunkel im Zelt, weil das schwarze Zeltdach kaum Licht durchließ.

Dennoch war die Stimmung gut und so traten der Verstand und die Seele in die Mitte des Zeltes und riefen gemeinsam: „Das Fest kann beginnen." Unter tosendem Applaus begann die vierköpfige Band Musik zu spielen. Statt sofort zu tanzen, stürzten sich die Gäste allerdings erst einmal hungrig auf das Büffet mit all den Leckereien, die Verstand und Seele gemeinsam vorbereitet hatten. Selbst die Trauer und das Selbstwertgefühl ließen sich von der heiteren Stimmung anstecken.

Die Feier war bereits in vollem Gange, doch die Begrüßungsrede des Verstandes stand noch aus. Er blätterte hektisch in seinen Unterlagen und war schrecklich aufgeregt, schließlich kam er sich im Kreis der Gäste immer noch ein wenig fremd vor. Gleich sollte sein großer Augenblick kommen. Die Seele lächelte ihn aufmunternd an. „Sei ganz ruhig, mein Lieber! Du willst wie immer zu viel. Und du weißt doch, mit Leichtigkeit geht alles besser."

Er sah sie dankbar an. Im selben Augenblick vernahmen beide eine deutliche Unruhe unter den Gästen. „Was gibt es?", fragte der Verstand unsicher.

„Muss das hier so dunkel sein?", rief die Wut ins Zirkusrund. „Man kann ja kaum etwas sehen. Kann mal einer das Licht anmachen?"

Die Seele flüsterte dem Verstand zu: „Lass uns doch einfach das schwarze Zeltdach entfernen, damit es hell wird!"

Der schüttelte den Kopf. „Denk doch mal logisch nach! Draußen wird es gleich dunkel. Am Abend kommt eh kein Licht herein. Da können wir wohl nichts machen."

Die Augen der Seele glänzten. „Aber wir sind hier doch in der Innenwelt. Da ist es immer hell, wenn wir dazu bereit sind und das Licht leuchten lassen."

„Ach so ist das! Das ist ja interessant. Und schon wieder habe ich etwas dazugelernt." So hatte der Verstand natürlich nichts dagegen, das Zeltdach abzubauen. Da alle Gäste mit anpackten, war die Arbeit schnell getan. Besonders die Kraft von Wut und Energie erwiesen sich dabei als sehr hilfreich.

Es war ein besonderer Augenblick, als sich das Zelt nach oben öffnete und der Himmel zu sehen war. Ein Raunen ging durch die Gästeschar.

„Wie schön!", rief die Freude von oben.

„Jetzt ist es hier nicht mehr so unheimlich!", sagte die Angst mit immer noch ein wenig zittriger Stimme.

Der kleine Clown rief laut „Juhu!" und schlug drei Purzelbäume hintereinander.

Es war zu spüren, dass sich etwas verändert hatte. Die Stimmung war deutlich besser, die Fröhlichkeit

EXIT

nahm zu, und einige der Gäste begannen im Licht gar zu strahlen. Selbst der Verstand war zufrieden mit dem Ergebnis. „Wer hätte gedacht, dass ein bisschen Licht so viel verändern kann!"

Die Seele schmunzelte. Jetzt kamen auch die farbigen Seitenbahnen des Zeltes richtig zur Geltung. Die Farben leuchteten um die Wette. Alle Gäste erstrahlten in neuem Glanz, das Zelt war nun lichtdurchflutet, und der Verstand machte sich erneut bereit für seine Eröffnungsrede.

Er räusperte sich ein paar Mal, weil seine Stimme vor Aufregung etwas belegt war, und wollte gerade loslegen, als sich erneut Unruhe unter den Gästen breitmachte.

„Was ist denn jetzt schon wieder?", fragte er etwas unwirsch und ließ vor Aufregung ein paar Blätter seines Redemanuskripts auf den Boden fallen.

Der Schmerz rief mit weinerlicher Stimme: „Ich möchte, dass die Liebe zu mir kommt!"

„Ich auch!", flüsterte die Trauer.

„Wie bitte?", fragte die Wut, „geht's nicht etwas lauter?"

„Sie wollen die Liebe hier bei uns haben und nicht dort oben auf den Ehrenplätzen", schaltete sich der Mut ein. „Ich glaube, wir brauchen sie doch alle, oder?"

Die Seele drehte sich mit einem Lächeln zum Verstand. Sie hatte es vorausgeahnt, doch der Verstand sollte es selbst erleben. „Warum soll die Liebe überhaupt da oben sitzen? Wir haben doch alle den Wunsch, dass sie bei uns ist und nicht weit entfernt über uns thront."

Der Verstand zog die Stirn kraus. „Ich weiß auch nicht mehr, warum ich für sie den Ehrenplatz da oben reserviert habe. War es nicht immer so, dass einige auf den besseren Plätzen sitzen? Obwohl, wenn ich es mir genau überlege, hat der Schmerz recht."

„Finde ich auch!", flüsterte die Trauer wieder.

Der Verstand korrigierte sich: „Haben also der Schmerz und die Trauer recht. Seid ihr alle einverstanden, dass die Liebe ihren Platz dort oben verlässt und zu uns kommt?"

Applaus brauste auf, einige riefen „Hurra!" und sprangen von ihren Plätzen auf. Der Schmerz vergoss sogar Freudentränen. Die Liebe war inzwischen längst unterwegs und setzte sich glücklich zu den anderen. „Ich freue mich sehr, dass ihr mich gerufen habt."

Nun sprang die Wut auf. „Was ist das für ein Hin und Her? Diese Unruhe hört wohl gar nicht mehr auf! Könnt ihr nicht auch gleich den Frieden herunterholen?"

Die Seele strahlte. „Natürlich wünschen wir uns alle den Frieden." Sie schaute zum Verstand. Als der nickte, fuhr sie fort: „Bitte, Frieden, komm zu uns!"

„O ja, o ja", rief die Harmonie in dem für sie typischen Singsang. „Der Frieden soll bei uns sein!"

„Amen!", rief der kleine Clown und schlug ein Rad, das ihm aber vor lauter Aufregung nur halb gelang.

Die Seele blickte empor zu den Ehrenplätzen. Jetzt saß nur noch die Freude dort. Allerdings sah sie nicht wirklich fröhlich aus, obwohl das doch eigentlich ihr Markenzeichen war.

„Können wir überhaupt ein Fest feiern, wenn die Freude nicht mitten unter uns ist?", fragte die Seele in die Runde. Dabei schmunzelte sie, als wüsste sie genau, dass sie ihr Ziel gleich erreichen würde.

Die Fantasie und ihre Schwester riefen kichernd: „Lasst die Freude zu uns kommen!"

Immer lauter war jetzt der Ruf „Freude, Freude!" zu hören. „Jetzt holt sie doch endlich runter!", polterte die Wut. Alle applaudierten. Die Freude nahm das als Einladung, ihren Platz ganz oben zu verlassen und zu den anderen zu kommen. Kurze Zeit später war die Freude nicht nur zu sehen, sondern auch zu hören.

Der Verstand wurde unruhig. „Alles schön und gut, aber ich denke, jetzt bin ich endlich an der Reihe." Er ordnete noch einmal sein Manuskript und unternahm den erneuten Versuch, mit seiner Begrüßungsrede zu beginnen. Er stellte sich in die Mitte des lichtdurchfluteten Zelts, umgeben von all den lieben Gästen, und setzte an:

„Verehrte Gäste!
Eigentlich wollte ich meine Rede in 12 Abschnitte einteilen. Aber ich habe mich anders entschieden, weil ich euch nicht langweilen will.
Ich habe in der letzten Zeit viel Neues erlebt. Das hat mich sehr verändert. Früher glaubte ich, alles zu wissen. Und natürlich weiß ich eine ganze Menge. Aber inzwischen ist mir klar geworden, dass ich von den wichtigen Dingen kaum etwas weiß. Die Seele hat mir eine neue Welt gezeigt. Es ist eure Welt, in der wir heute ein Fest feiern. Und ich bin so dankbar, dass es jetzt auch meine Welt ist.

Den Namen jedes Einzelnen von euch kannte ich schon länger. Aber es waren für mich nur Namen. Ich habe nie verstanden, wer oder was sich hinter diesen Namen verbarg. Trotzdem hielt ich mich für sehr klug.

Ich freue mich sehr über das große Farbendurcheinander hier im Zelt, obwohl ich eigentlich immer total strukturiert bin. Ich freue mich über Blau und Gelb und Grün und Rot und Gold. Und über Regenbogen, obwohl das ja eigentlich keine Farbe ist. Ich kannte auch die Namen der Farben schon vorher. Aber es gab keine Farbe in meinem Leben. Jetzt denkt ihr vielleicht, ich würde an meinem Verstand zweifeln und keinen Wert mehr auf ihn legen. Im Gegenteil! Ich brauche ihn mehr denn je. Genauer gesagt: Ich brauche beides. Ich brauche mich. Und ich brauche euch.

Ich bin kein großer Tänzer. Die Seele hat das selbst erfahren. Und ihr habt es vielleicht schon geahnt. Aber mit euch kann das Leben doch noch zu einem großen Tanz werden. Ich freue mich auf die gemeinsame Zeit mit euch und darauf, noch viel mehr von euch zu erfahren und zu lernen.

Viel Freude beim Fest!

Ach, bevor ich es vergesse: Der Notausgang befindet sich gegenüber dem Denkmal. Und die Getränke gehen aufs Haus!"

Rauschender Beifall erfüllte das Zirkusrund. Die Seele war ganz ergriffen und warf ihm Kusshände zu. Die Harmonie und die Freude brachten sogar kurz einen Freudentanz aufs Parkett.

Als die beiden sich wieder gesetzt hatten, blickten alle auf die Seele, die jetzt mit ihrer Rede an der Reihe war. Sie sprach frei und ohne Manuskript. Ergriffen blickte sie in die Runde.

„Ihr Lieben, wie freue ich mich, dass ihr alle hier seid! Das waren aufregende Zeiten hier in der Innenwelt. Ihr habt den Verstand kennengelernt, der sich früher ganz in den Kopf zurückgezogen hatte. Ich freue mich, dass er jetzt bei uns ist."

Ihre Rede wurde von Applaus und begeisterten Zurufen unterbrochen. Der Verstand strahlte über so viel Zuspruch in dieser ihm noch etwas fremden Welt.

Glücklich lächelnd setzte die Seele ihre Rede fort: „Schon immer haben wir viel gefühlt, aber oft geschah das ohne Sinn und Verstand."

„Ohne Sinn und Verstand!", pflichtete die Trauer mit heiserer Stimme bei.

„Richtig ärgerlich war das!", fügte die Wut hinzu.

„Aber inzwischen hat sich vieles verändert. Wir sind jetzt eine große Gemeinschaft, in der niemand mehr am Rande steht."

Die Gäste jubelten. Die Freude tanzte durch den Raum. Der kleine Clown sprang in die Mitte, um ein Rad zu schlagen. Doch er zögerte kurz und entschied sich, es bei einem Purzelbaum zu belassen.

In diesem Augenblick ließen die Gäste eine riesige Menge bunter Luftballons in den Himmel steigen. Der Verstand hatte sie zuvor verteilt, um die Seele zu überraschen. „Wie herrlich, ich danke euch!" Sie war tief berührt. „So viele Farben, und sie alle gehören zu unserem Leben. So viele Gäste – und ihr alle seid wich-

tig und unersetzlich. Ihr seid ein Teil vom ‚Ich'. Vielen, vielen Dank! Und jetzt lasst uns das Fest genießen!"

Jetzt setzte auch die Musik wieder ein. Diesmal war darin die ganze Leidenschaft, die Lebendigkeit und Sehnsucht der Gäste zu hören und zu fühlen. Alle waren tief ergriffen und fühlten sich mit dem Leben auf neue Weise verbunden.

Da geschah etwas, das niemand der Anwesenden jemals vergessen sollte. Es begann damit, dass der kleine Clown langsam zum Denkmal hinüberging, davor stehen blieb, die riesige graue Steinfigur andächtig berührte und dann fast zärtlich streichelte. Vielen der Gäste blieb dabei fast das Herz stehen.

Wenige Augenblicke später stürmten die Fantasie und ihre Schwester, die Kreativität, zum Denkmal und begannen, es mit verschiedenen Farben zu bemalen. Der Mut gesellte sich zu ihnen und tupfte ein paar glitzernde Goldpunkte auf die Figur. Die Liebe kam und trug an einigen Stellen ein strahlendes Rot auf. Die Freude zauberte ein freundliches, lächelndes Gesicht auf den eben noch so trostlos wirkenden grauen Stein.

Sogar die Wut stand auf und hing eine bunte Girlande über das Denkmal. „So, das musste jetzt sein!"

Da traute sich auch die Angst, zum Denkmal zu gehen, suchte die Nähe des Mutes und schmiegte sich an den bunt bemalten Stein. Viele der anderen Gäste hatten dabei Tränen in den Augen. Alle spürten, dass etwas Wunderbares passiert sein musste, wenn sogar die Angst sich nicht mehr davor fürchtete, die Vergangenheit als Teil des Lebens und der Gemeinschaft zu akzeptieren.

Einige Gäste stimmten ein fröhliches Lied an. Da standen auch das Verletzte Gefühl, der Schmerz und die Trauer auf und liefen zum Denkmal. Sie berührten es, noch ganz vorsichtig, schauten es liebevoll an und begannen dann, mit einigen anderen ganz langsam um die bunte Figur herumzutanzen. Dieser Tanz dauerte mehrere Minuten lang.

Dann verließen sie das Denkmal, bewegten sich zum freien Platz in der Mitte des Zeltes, wurden schneller, fröhlicher und fast etwas ausgelassen. Es war, als hätten sie ihre eigene Vergangenheit angenommen, sich mit ihr versöhnt, und würden sich jetzt voller Vorfreude und Begeisterung ihrem neuen Leben zuwenden.

Wenig später tanzten alle Gäste gemeinsam im Kreis um einen Gast, der sich in der Mitte fröhlich drehte und drehte. Es war das Selbstwertgefühl, dass die anderen noch nie so groß und aufrecht erlebt hatten.

Nach einiger Zeit schienen sich alle auf die angekündigte Pause der Band zu freuen. Sie hatten sich viel zu erzählen von dem, was sie erlebt und gefühlt hatten.

Die Seele fragte mit strahlendem Blick in die Runde: „Na, meine Lieben, wie geht es euch?" Viele klatschten begeistert.

„Es tut so gut, hier mit euch zu feiern", sagte der Schmerz.

„Ich liebe euch alle!", rief das Selbstwertgefühl. „Ihr seid wunderbar. Und ich auch!"

„Mir fehlen die Worte!", sagte die Wut erstaunlich leise und sah dabei sehr nachdenklich aus.

Bald hatten sich viele kleine Grüppchen gebildet. Das Selbstwertgefühl fragte die Energie nach Tipps für sein weiteres Wachstum. Der kleine Clown verstand sich bestens mit dem Verletzten Gefühl und tobte mit ihm durch das Zelt. Die Angst und die Wut diskutierten mit dem Frieden über gewaltlose Kommunikation. Und die Trauer setzte sich auf ein Gläschen zur Fantasie.

Ganz hinten in der Ecke trafen sich der Verstand und die Seele. Sie schienen beide sehr zufrieden mit dem Fest zu sein. Der Verstand schaute zu seiner neuen Freundin und sagte stolz: „Na, habe ich das nicht gut hinbekommen?"

Die Seele schmunzelte. Als sie antworten wollte, erkannte sie, dass der Verstand so bunt angemalt war wie ein Clown. „Mein Lieber, wer hat denn das gemacht?"

Er schüttelte lachend den Kopf. „Die sind alle so albern. Sie meinten, etwas Farbe würde nicht nur dem Denkmal, sondern auch mir guttun."

Die Seele nahm ihn in den Arm. „Du bist ja inzwischen ein richtig bunter Vogel. Blau und gelb und grün, rot und golden." Sie inspizierte ihn genauer: „Und Regenbogen." Sie blinzelte ihm zu. „Aber das ist ja eigentlich gar keine Farbe."

Am Tag nach dem Fest waren alle etwas müde. Da es so eine schöne Feier war, wollte niemand als Erstes gehen, und so war es schließlich doch recht spät geworden.

Nachdem die Seele sich aus dem Bett gequält hatte, begegnete sie Augenblicke später dem Verstand. Sie strahlte, als sie ihn erblickte. Doch er sah sie nicht, denn er war wieder einmal konzentriert über ein Blatt Papier gebeugt und machte sich eifrig Notizen.

„Was machst du da gerade?", fragte sie neugierig.

Der Verstand erschrak, da die Seele ganz leise von hinten an ihn herangetreten war. Er setzte die Brille ab und legte seine Notizen zur Seite. „Ich lasse gerade noch einmal unser schönes Fest Revue passieren. Die Erfahrungen, die wir gemacht haben, helfen uns sicherlich, wenn wir wieder einmal feiern wollen."

Die Seele schaute ihn voller Bewunderung an. „Wie schön, dass du dir so viele Gedanken machst und so gut organisiert bist! Ich merke wieder einmal, wie gut wir uns ergänzen."

Der Verstand sah noch einmal auf seine Notizen. „Beim nächsten Mal gibt es keine Ehrenplätze, das habe ich gelernt. Nie wieder erhöhte Ehrenplätze! Und die schwarzen Zeltplanen lassen wir weg. Ach ja, das mit der Schokolade können wir gern wiederholen."

Einen Augenblick lang schwieg er. Die Seele spürte, dass er ihr noch mehr sagen wollte.

„Wir haben noch vieles zu besprechen. Aber vorher möchte ich dich um etwas bitten. Könntest du noch einmal das fröhliche Lied singen? Ich habe es zum ersten Mal von dir auf der Blumenwiese gehört. Bitte, nur für mich?"

Diesen Wunsch konnte die Seele ihm natürlich nicht abschlagen. Als sie kurze Zeit später anfing zu singen, saß der Verstand wie verzaubert neben ihr. Er schloss die Augen und lächelte glücklich. Auch als die letzten Töne verklungen waren, saß er immer noch mit geschlossenen Augen da.

Nachdem er aus seinem tranceähnlichen Zustand erwacht war, musste er über sich selbst staunen. „Dass ich die Musik und dein besonderes Lied so sehr genießen kann, hätte ich nicht gedacht. Ich habe mich wohl sehr verändert, seitdem wir uns kennengelernt haben."

„Wie schön!", freute sie sich mit ihm. „Danke, dass ich für dich singen durfte."

Jetzt traute sich der Verstand, noch eine Frage zu stellen, die ihm auf dem Herzen lag. „Sag mal, was machen wir mit dem großen Denkmal aus Stein."

Die Seele lächelte. „Das ist kein Stein mehr. Es ist eine lebendige, bunte Figur geworden, die nicht nur von der Vergangenheit erzählt, sondern sich auch auf die Zukunft freut."

Er sah sie lange an. „Ich danke dir. Dann ist die lebendige, bunte Figur beim nächsten Fest wieder dabei?"

Sie nickte. „Ich hoffe, beim nächsten Fest sind wir alle wieder dabei. Und Schokolade gibt es auch."

Wer lädt dich wohl
zum Tanzen ein?
Draußen auf der Wiese,
drinnen auf dem Parkett?
Das Leben lädt
zum Tanzen ein.

Zum Autor:
Rainer Haak war Jugendleiter, Kellner, Buchhändler, Pfarrer, Konzertveranstalter, Trauerbegleiter und Reiseveranstalter, bevor er mit über 9 Millionen verkauften Büchern einer der erfolgreichsten Buchautoren im deutschsprachigen Raum wurde. Der Schriftsteller ist mit Angelika Haak, Sängerin und Stimmcoach, verheiratet. Sie haben zwei flügge gewordene Kinder.

Von Rainer Haak sind im Verlag am Eschbach unter anderem erschienen:
Die Bücherstube am Meer (71043)
Das Leben prickelt wunderbar (71004)
In Tagen der Trauer (70728)

Zur Künstlerin:
Margret Bernard konnte Stiften, Pinseln und Farben schon als Kind nicht aus dem Weg gehen. Seit ihrem Studium der Visuellen Kommunikation und dem Abschluss als Diplom-Designerin arbeitet sie als freie Grafikerin und Illustratorin für zahlreiche Verlage und Institutionen. Ihre Illustrationen sind mit Gouachefarbe und Kreide gemalte Bilder, Zeichnungen und vorwiegend digital zusammengeführte Collagen. Mit Ihrer Familie lebt und arbeitet sie seit 1998 in Hamburg.
Im Internet: www.bernard-kress.de

Alle Rechte vorbehalten
© 2024 Verlag am Eschbach
Verlagsgruppe Patmos in der Schwabenverlag AG, Ostfildern
Im Alten Rathaus/Hauptstraße 37
D-79427 Eschbach/Markgräflerland

www.verlag-am-eschbach.de

Gestaltung und Satz: Angelika Kraut, Verlag am Eschbach
Kalligrafie: Ulli Wunsch, Wehr
Herstellung: Grafisches Centrum Cuno GmbH & Co. KG, Calbe
Hergestellt in Deutschland
ISBN 978-3-98700-069-0

Gedruckt auf FSC®-zertifizierten Materialien
Näheres zur Nachhaltigkeitsstrategie der Verlagsgruppe Patmos
auf unserer Website www.verlagsgruppe-patmos.de/nachhaltig-gut-leben

Dieser Baum steht für Erhaltung unserer natürlichen Lebensgrundlagen: klimaneutrale Produktion, umweltschonende Ressourcenverwendung und nachhaltige Herstellung.
Individuell und mit Liebe gemacht.